Contenido

El cuento	3
El ejercicio	15
Tabla Resumen	21
El Ejemplo	22
Los 10 puntos de inflexión	26
Los 10 pasos para aplicar esta estrategia en cualquier industria o negocio	37
Guía Rápida: Estrategia de rentabilidad con productos complementarios	48
Conclusión	50

¿Cuáles son tus papas y refresco grandes?

El Cuento

Bienvenido a un cuento de Marketing. Este cuento empieza como todos los demás:

Había una vez un pequeño y pintoresco restaurante que ofrecía, entre otras cosas, hamburguesas de "sólo res", hamburguesas con queso "tentadoras", papas a la francesa "Golden", malteadas, sodas y leche. Al protagonista de este cuento le llamaremos "McDaniels" y era el responsable de alimentar y entretener a los alegres habitantes del reino de San Bernardino (si tuviera que adivinar, estaría en California, USA).

McDaniels empezó a tener éxito, gracias a sus deliciosos platillos, sus precios accesibles y a una combinación creativa de comunicación y experiencia del cliente que hacía que las personas se sintieran orgullosas y felices de asistir, no sólo por comer, sino por la experiencia tan agradable que significaba dicha visita.

Al paso del tiempo, McDaniels no se daba abasto para atender a todos sus clientes, por lo que siempre estaba lleno y muchos clientes potenciales decidían retirarse por el largo tiempo de espera. Uno de sus dueños se preguntó: "¿Qué pasaría si pudiéramos idear un método más eficiente para elaborar los alimentos? Al final, "nuestro menú no es tan complejo", y, manos a la obra.

Después de varias ideas, discusiones y pruebas, idearon un sistema de producción en línea en tiempo real, lo que les permitía atender más clientes, con un tiempo menor de espera, disminuyendo costo por producto y aumentando tanto su facturación como sus ganancias. McDaniels era un negocio prometedor y en crecimiento.

Con la llegada de un "extraño enemigo", que se disfrazó de lobo para poder tener la confianza de los dueños, se creó una cadena de restaurantes con el famoso nombre, creciendo de manera indiscriminada por todo Estados Unidos y logrando ventas increíbles. Cabe mencionar que parte del negocio estaba en los bienes raíces, pero dejaremos ese cuento para después.

Al crecer como cadena, y en modelo añadido de franquicia, se le atribuye una buena parte de la creación del concepto "Comida Rápida". La asociación que hoy tenemos con dicho término es la de comida chatarra, pero cuando fue creado, era, literalmente, comida (alimento para el cuerpo y alma) rápida (más pronto de lo que el hambre te haría enojar).

Viendo el éxito de McDaniels, aparecen los villanos del cuento. Les llamaremos "Copycats", entre los que podemos mencionar: Burger Evil Prince, Bad Up-N-Down Burger, John in the Bag y Whotheburger, entre otros.

Al crearse una competencia tan fuerte, pues con los años se acumularon más de 20 cadenas villanas, todos empezaron a pelear por los reinos con mayores poblaciones, y ocupando dichos reinados, la confrontación empezó a ser por ver quién podía entregar el producto, intercambiándolo por menos monedas de plata. Una guerra de precios no era lo que McDaniels tenía en mente, pero nada podía hacer.

El pelotón de guerra de McDaniels viajó hasta encontrar al Hada de la rentabilidad, para pedirle consejo, y así recibir un mandato con buena intención, pero lleno de desconocimiento en los negocios: "Debéis competir por precio, disminuir la calidad de tus productos y ser más rápido que nadie", y de ahí la situación por la cual hoy los relacionamos con la palabra "Chatarra".

La guerra creció y creció (no sopló y sopló), hasta un punto en el que varios villanos morían de inanición al no poder competir con los agresivos precios que sus contrincantes y sus hadas madrinas colocaban en los productos. Fue tan bajo el punto, que empezaron a utilizar una magia negra que llamaban "Marketing", poniendo nombres a los productos, arreglando los puntos de venta y construyendo grandes anuncios más altos que cualquiera de las torres de los castillos.

Esta magia funcionó por un tiempo, pero los precios seguían siendo bajos, eso ya era inevitable. No hubo poder que lograra que los villanos y McDaniels trabajaran en equipo para estabilizar dichos costos.

Se llegó a un punto de no retorno: o se elegía una estrategia para mejorar la rentabilidad, o morirían a manos del pecado por abarcamiento. Y se crearon los combos.

McDaniels entendía que sólo una fracción pequeña de sus consumidores compraban un paquete, por ejemplo, de hamburguesa, papas a la francesa y soda, y desde entonces se sabía que era más rentable vender papas y sodas que hamburguesas, pero no se podía dejar de vender el producto principal.

El combo vendía los tres productos a un menor precio que la suma de estos en el menú, pero aun así la marginalidad aumentaba. Pasaron de vender 2 papas y 5 sodas por cada 10 hamburguesas, a vender 7 papas y 7 sodas por cada 10 hamburguesas, McDaniels había salvado el día, pero la avaricia (otro pecado) se apoderaba de ellos, ¡querían más!

Ahí, se "inventaron" los tamaños.

Bueno, los tamaños siempre han existido, y aunque dicen que no importa, en este cuento sí.

Así que podías comprar una hamburguesa de una sola carne, o unas papas pequeñas o una soda minúscula, por menos monedas de plata. Pero también podías comprar una hamburguesa con triple carne acompañadas de papas y refresco muy grandes, por supuesto, pagando una que otra moneda más.

Poco a poco, el modelo de McDaniels cambió. Las hamburguesas, el producto principal, pagarían por los costos fijos y variables. Estos costos incluyen los insumos y desechables de las papas y sodas, por lo que por cada orden adicional a las hamburguesas, eran 100% ganancias para el negocio. Los precios de los combos se acercaron a niveles muy pequeños entre ellos, la hamburguesa sería la misma, pero los complementos cambian su tamaño, con una percepción de precio mínima.

De esta forma, las hamburguesas seguían contribuyendo de manera importante al mantenimiento del negocio, y los combos aumentaban facturación y rentabilidad. Al ser las diferencias entre paquetes tan pequeñas, con costos de complementos sumamente más bajos, y además, cubiertos por la venta del producto principal, el objetivo del negocio se volvió vender lo más posible paquetes, combos y/o complementos en su versión "Large".

Este ajuste estratégico es el culpable de que hoy en día (y después de casi 100 años) podamos disfrutar de sus deliciosos productos (cada vez menos deliciosos), en tamaños considerablemente más grandes (no tanto realmente), a precios muy accesibles (tampoco taaaaaaan accesibles hoy en día).

Los villanos competidores han copiado en mayor o menor medida el modelo. Por lo que se ha regresado a la guerra de precios y estrategias, donde toda esta catástrofe de cuento empezó. Sin embargo, ahora compiten con modelos que logran ser rentables gracias a los complementos y su alto margen.

Pero el cuento no termina ahí. En el reino de San Bernardino, McDaniels decidió seguir innovando. Se dieron cuenta de que no solo los productos, sino también la experiencia del cliente, podría ser una fuente de ingresos. Comenzaron a rediseñar sus restaurantes, creando ambientes más acogedores y atractivos, con áreas de juegos para los niños y WiFi (una extraña señal futurista) gratuito para los adultos. Estas mejoras incrementaron el tiempo de estancia de los clientes, lo que a su vez aumentó el consumo.

Además, McDaniels introdujo una aplicación móvil que permitía a los clientes realizar pedidos y pagar desde sus teléfonos. Esta innovación no solo mejoró la eficiencia, sino que también proporcionó a McDaniels una mina de oro de datos sobre las preferencias de sus clientes. Utilizaron estos datos para personalizar ofertas y promociones, aumentando aún más la lealtad del cliente y las ventas.

La estrategia de McDaniels también incluyó una expansión del menú para incluir opciones más saludables, respondiendo a una creciente demanda de los consumidores preocupados por su salud. Ofrecieron ensaladas, frutas y opciones de bajo contenido calórico, lo que atrajo a un nuevo segmento de clientes que antes evitaban la comida rápida. Aunque estas opciones no eran tan rentables como las papas y los refrescos, aumentaron la percepción de la marca como un lugar que se preocupa por el bienestar de sus clientes.

Esta combinación de mejoras en la experiencia del cliente, innovación tecnológica y diversificación del menú permitió a McDaniels mantenerse relevante y competitivo en un mercado saturado. La lección es clara: la adaptación y la evolución son esenciales para el éxito a largo plazo.

Lo que parece una pequeña oferta, es en realidad una táctica brillante para aumentar la rentabilidad. Esos pocos centavos adicionales por cada cliente se suman rápidamente, y al final del día, representan una parte significativa de las ganancias del establecimiento.

Y así, el modelo de negocio de McDaniels se convirtió en un referente. Su estrategia de vender complementos de bajo costo con alto margen demostró ser extremadamente eficaz. Aunque la guerra de precios sigue siendo una batalla constante, la clave del éxito radica en la capacidad de adaptar y evolucionar las estrategias para mantenerse competitivos y rentables. Esto es algo que cualquier negocio puede aprender e implementar en su propio contexto.

McDaniels no solo sobrevivió a la guerra de precios, sino que prosperó al centrarse en lo que realmente importaba: la satisfacción del cliente y la rentabilidad sostenible. Al identificar y explotar sus "papas y refrescos grandes", encontraron una fórmula ganadora que les permitió no solo sobrevivir, sino también liderar en un mercado extremadamente competitivo.

Todo esto nos deja el aprendizaje, de por qué hoy, cada vez que vamos a un lugar de este estilo, siempre, con disciplina y pasión nos digan: "¿Gusta sus papas y refresco grandes por sólo 5 pesos más?"

Este es solo un cuento. Cualquier parecido a la realidad NO es mera coincidencia. Se han creado personajes y ajustado partes de la historia con fines ultra dramáticos.

Pablo Talks

Esta parte de cada cuento que contaré es una mera opinión. Es un espacio que creé para poder expresarme. Cada cuento que leas estará basado en una verdad, y cada sección posterior a "Pablo Talks" será un análisis conciso, cuantitativo y contundente para que puedas aplicar las estrategias de otros en tu trabajo, tu negocio, tus emprendimientos y tu capacidad para innovar y crear soluciones basadas en hechos comprobados como exitosos. Pero Pablo Talks…es solo una opinión.

Podría decir que pienso que McDaniels es una historia de éxito ante la adversidad, pero no. Para eso hay otras historias, pero sobre todo porque esto no es una adversidad como tal. Es una continuidad presente en el día a día de todos los negocios, es una problemática operativa, porque no se puede controlar la competencia, pero sí podemos controlar cómo reaccionar tácticamente ante eso.

He visto a través de más de 500 clientes que he tenido la fortuna de atender, cómo el miedo a enfrentar mercados competidos y a crear soluciones basadas en demanda, finanzas y creatividad los detienen de ser atrevidos y probar nuevas formas de operar el negocio que ya conocen, y prefieren que el agua llegue demasiado alto para reaccionar.

Para mí, esta historia se basa, en un inicio, en supervivencia, pero en sus pasos posteriores, en la maximización de estrategias de rentabilidad. Es cierto que las cadenas mencionadas no cambian "de dientes para afuera", siguen siendo cadenas de comida rápida que venden hamburguesas y que venden una experiencia a través de ejecuciones de marketing muy precisas y específicas. Pero, cuando las opciones se acababan, no tuvieron mucha elección y tomaron decisiones de fondo, de perfil financiero: "Pongamos la rentabilidad y las ganancias donde no parece que están".

Me encantaría que, con este cuento, tú tengas algunas ideas interesantes para aplicar donde quieras y así maximizar las ganancias. Un punto muy importante que quiero tocar es que no tienes que estar en la orilla, no tiene que estar el agua en el cuello, puedes seguir siendo altamente rentable y utilizar esta táctica como una adición a tu catálogo y de esa manera, aumentar tu facturación, tus ganancias, tu rentabilidad y tu crecimiento. Lo que quiero decir es que, si aprendemos adecuadamente de la historia, lo más inteligente es no repetir lo que salió mal pero sí aplicar lo que salió bien.

Cuando me surgió la idea de "Tales of Marketing", la platiqué con un buen amigo. Se dedica a bienes raíces, es "Broker". Le conté mi proyecto de escribir "Cuentos con aplicaciones comerciales" y también le conté de este en específico. Me dijo que la idea le parecía buena, pero que tuviera cuidado de no dejar fuera a segmentos muy grandes. Algunas de sus palabras fueron: "Seguramente eso le sirvió a McDaniels y le podrá servir a otros restaurantes o productos de consumo, pero para mí es imposible aplicarlo."

Sus palabras resonaron y me dejaron pensando durante varios minutos (después también durante varios días), pero en el momento le dije: "Ayúdame a comprobar que eso no es cierto, pensemos la manera de aplicar esta metodología para que te ayude a ti". Hubo incredulidad, expresaba el hecho de que él sólo vendía casas, ¿qué más podría hacer?

Al paso de una semana, me habló y me dijo "lo tengo". No quiero sobreexponer su estrategia, pero, nos reunimos a planear e innovar y a grandes rasgos lo que hizo fue contactar a una empresa constructora mediana para hacer una sinergia. Al ofrecer las casas, encontraba siempre una o dos áreas de mejora, que no fueran ni muy complicadas ni muy costosas. Ofrecía a los clientes potenciales repararles esa sección en específico si compraban las casas (adición de servicios) a un precio sumamente atractivo. Al mismo tiempo, pedía a los vendedores su visto bueno para que en caso de vender la casa, ellos corrieran con un pequeño gasto adicional para dicha reparación.

En pocas palabras, si su comisión era de $10,000 USD, ofrecía una reparación con un valor de $5,000 USD a un precio de $1,500 USD para el cliente de la casa. Le cobraría a los vendedores $2,500 USD adicionales a la comisión para reparar la promesa que hizo posible la venta, y él pondría $1,000 USD de su ganancia. Esto logró varias cosas, aunque en principio no pareciera que favoreciera su rentabilidad.

Ahora, los esfuerzos de ventas eran menores. Cada casa la mostraba en promedio de 10 a 15 veces, y eso disminuyó a 5-8 veces. Es una mejora contundente en rentabilidad por tiempo. Además, al asociarse con una empresa de comprobada calidad, en varios casos se quedó haciendo trabajos adicionales (que no son su "Core Business"), ahora sí, con precios completos y con una ganancia para él.

Adicional a ese beneficio, tuvo más propiedades en oferta, y al mismo tiempo más clientes querían comprar con él al obtener el beneficio de la mejora. Y al tener una mejora en la rentabilidad temporal, pudo hacer muchas más gestiones de propiedades de manera mucho más eficiente y efectiva.

Lo que parecía imposible en una plática inicial, se convirtió en un gran cambio para él. De vender entre 15 y 20 propiedades al año, hoy vende casi 50, y tiene 5 personas que lo apoyan desde dentro. Adicionalmente, siempre tiene trabajos de mejora en las propiedades, que no le quitan tiempo, pero le aportan ganancias. Y la empresa asociada ha sido leal con él, porque el siguiente trabajo sería sólo a través de sus ventas.

Sus ganancias aumentaron en 2 años un total de 250%. Estoy hablando de dinero que llega a su cuenta, de una realidad innegable y todo empezó con una plática de esta historia. Y también me ayudó a decidirme a escribir estos cuentos.

Con esto quiero hacer énfasis en 2 puntos:

1. No tiene que ser una idea fácil o lógica. Lo más probable es que te tome tiempo y cabeza llegar siquiera a un concepto, pero parece que vale la pena.
2. Si una estrategia de cadena de comida rápida se pudo "trasladar" a bienes raíces, se puede trasladar a prácticamente cualquier negocio o industria.

Los siguientes capítulos tendrán cuentos similares. Pero las historias, las estrategias y sus aplicaciones serán diferentes. Si con estas 12 historias puedo lograr que los lectores apliquen 3 o 4 estrategias a sus negocios, estaré cumpliendo el objetivo de "Cuentos de Marketing".

A continuación, podrás leer:

- Un ejercicio numérico de rentabilidad del cuento McDaniels
- Un ejemplo de cómo alguien ya lo ha hecho en una industria diferente
- Los 10 puntos relevantes y de quiebre que se extraen de la historia McDaniels
- Los 10 pasos a seguir para poder ejecutar la estrategia en tu negocio (es decir, una guía de pasos para que lo hagas tú mismo)
- Y una conclusión corta.

Si compraste sólo el E-Book de ¿Cuáles son tus papas y refresco grandes? y te ha gustado, me encantaría que le dieras oportunidad al libro completo. Se llama "Cuentos de Marketing: La inexplicable conversión de estrategias comerciales de un negocio a otro", o en inglés "Tales of Marketing: The Inexplicable Application of Commercial Strategies from One Business to Another".

He tenido una experiencia maravillosa escribiendo esto. Me he informado y educado en muchas historias y estrategias comerciales y de marketing. Creo que se puede lograr el objetivo de llevarlo a la gente, pero de entrada, ya me ha servido un montón a mí.

Te agradezco tu tiempo tomado en esta lectura y te dejo con la siguiente sección de McDaniels, un ejercicio financiero simple e ilustrativo.

El Ejercicio

ADVERTENCIA: Si no estás interesado en aplicar esta estrategia ya, y no eres un amante de los números, sáltate esta parte. Es aburrida, informativa, pero aburrida

Veamos con aplicaciones más ilustrativas que reales (aunque apegadas a realidades porcentuales) ejercicios que nos puedan ayudar a comprender el comportamiento de las estrategias.

Estrategia Inicial

Estrategia directa de menú, operación tradicional, una sucursal:

- **Costos fijos:** $100 USD
- **Costos variables:** 33%
- **Precio de la hamburguesa:** $5 USD
- **Rentabilidad de la hamburguesa:** 40%
- **Aportación de la hamburguesa:** $2
- **Precio de las papas:** $2 USD
- **Rentabilidad de las papas:** 80%
- **Aportación de las papas:** $1.6
- **Precio de la soda:** $1.5 USD
- **Rentabilidad de la soda:** 80%
- **Aportación de la soda:** $1.2
- **Distribución de ventas:** Hamburguesas 59% / Papas 12% / Sodas 29%
- **Punto de equilibrio:** 59 ventas (35 hamburguesas / 7 papas / 17 sodas)
- **Rentabilidad a las 100 ventas:** $72
- **Rentabilidad a las 500 ventas:** $760
- **Rentabilidad a las 810 ventas:** $1,293.2

Estrategia de Producción en Línea

Cuando encontraron la fórmula de la producción en línea, el indicador afectado en la fórmula de rentabilidad fue el costo variable. Además, aumentaron sus ventas al cubrir la demanda total:

- **Costos fijos:** $100 USD
- **Costos variables:** 27%
- **Precio de la hamburguesa:** $5 USD
- **Rentabilidad de la hamburguesa:** 50%
- **Aportación de la hamburguesa:** $2.5
- **Precio de las papas:** $2 USD
- **Rentabilidad de las papas:** 88%
- **Aportación de las papas:** $1.76
- **Precio de la soda:** $1.5 USD
- **Rentabilidad de la soda:** 80%
- **Aportación de la soda:** $1.2
- **Distribución de ventas:** Hamburguesas 59% / Papas 12% / Sodas 29%
- **Punto de equilibrio:** 49 ventas (29 hamburguesas / 6 papas / 14 sodas)
- **Rentabilidad a las 100 ventas:** $103.42
- **Rentabilidad a las 500 ventas:** $917.1
- **Rentabilidad a las 1,120 ventas:** $2,178.3
- **Cambio en ganancias:** +65%

Estrategia de Expansión en Cadena

En cadena, sus costos fijos aumentaron debido a que se buscaban propiedades de alto valor comercial, pero sus ventas también aumentaron al tener mayor conocimiento de marca y la perfección de la línea de producción:

- **Costos fijos:** $133 USD
- **Costos variables:** 27%
- **Precio de la hamburguesa:** $5 USD
- **Rentabilidad de la hamburguesa:** 50%
- **Aportación de la hamburguesa:** $2.5
- **Precio de las papas:** $2 USD
- **Rentabilidad de las papas:** 88%
- **Aportación de las papas:** $1.76
- **Precio de la soda:** $1.5 USD
- **Rentabilidad de la soda:** 80%
- **Aportación de la soda:** $1.2
- **Distribución de ventas:** Hamburguesas 59% / Papas 12% / Sodas 29%
- **Punto de equilibrio:** 66 ventas (39 hamburguesas / 8 papas / 19 sodas)
- **Rentabilidad a las 100 ventas:** $70.42
- **Rentabilidad a las 500 ventas:** $884.4
- **Rentabilidad a las 1,450 ventas:** $2,616.59
- **Cambio en ganancias:** +29%

Estrategia en Mercado Saturado

Cuando se saturó el mercado, se mantuvieron las generalidades de costos fijos y variables, así como la distribución de ventas. Sin embargo, empezó la guerra de precios y las ventas sufrieron un poco. Además, hay que considerar que las ganancias ahora se reparten entre el dueño de la franquicia y el de la marca:

- **Costos fijos:** $133 USD
- **Costos variables:** 27%

- **Precio de la hamburguesa:** $3.5 USD
- **Rentabilidad de la hamburguesa:** 50%
- **Aportación de la hamburguesa:** $1.75
- **Precio de las papas:** $1.5 USD
- **Rentabilidad de las papas:** 88%
- **Aportación de las papas:** $1.32
- **Precio de la soda:** $1.3 USD
- **Rentabilidad de la soda:** 80%
- **Aportación de la soda:** $1.04
- **Distribución de ventas:** Hamburguesas 59% / Papas 12% / Sodas 29%
- **Punto de equilibrio:** 90 ventas (53 hamburguesas / 11 papas / 26 sodas)
- **Rentabilidad a las 100 ventas:** $16.25
- **Rentabilidad a las 500 ventas:** $613.25
- **Rentabilidad a las 980 ventas:** $1,329.65
- **Cambio en ganancias:** -53%

Estrategia de Combos

Al ajustar la estrategia a combos, se logró aumentar la venta de papas y refrescos, que tienen una rentabilidad mayor, aunque su precio prorrateado en el paquete bajó un poco. Las ventas tuvieron un disparo con los combos. El objetivo de ventas aumenta, pero considerando que los combos son 3 ventas en 1 persona, no era problema:

- **Costos fijos:** $133 USD
- **Costos variables:** 27%
- **Precio de la hamburguesa:** $3.5 USD
- **Rentabilidad de la hamburguesa:** 50%
- **Aportación de la hamburguesa:** $1.75
- **Precio de las papas:** $1.28 USD
- **Rentabilidad de las papas:** 88%
- **Aportación de las papas:** $1.12
- **Precio de la soda:** $1.11 USD

- **Rentabilidad de la soda:** 80%
- **Aportación de la soda:** $0.88
- **Distribución de ventas:** Hamburguesas 42% / Papas 29% / Sodas 29%
- **Punto de equilibrio:** 94 ventas (39 hamburguesas / 27 papas / 27 sodas)
- **Rentabilidad a las 100 ventas:** $8.94
- **Rentabilidad a las 500 ventas:** $576.7
- **Rentabilidad a las 2,460 ventas:** $3,358.72
- **Cambio en ganancias:** +152%

Estrategia Maestra

La estrategia maestra consistió en disminuir el tamaño de las papas y sodas de los combos sin cambiar el costo en menú ni la absorción en el prorrateo. El costo fijo y variable se cargaría en total a la hamburguesa, y todas las ventas de los adicionales serían 100% de rentabilidad. Aumentaron la venta de combos, generando rentabilidad automática, y con el "Upgrade" del combo a mediano o grande, sin tener movimiento en costos, maximizaba las ganancias. ¡Todo esto, respetando la guerra de precios!

Se tuvo que reconfigurar el conteo de ventas y la forma de calcular la rentabilidad, quedando algo más o menos así (se calculan las ventas de complementos individuales en cero ya que con los combos no hace sentido):

- **Costos fijos:** $133 USD
- **Costos variables:** 30%
- **Precio de la hamburguesa:** $3.5 USD con aportación de $0.35
- **Precio combo 1:** $5.5 USD con aportación de $2.35
- **Precio combo 2:** $6 USD con aportación de $2.85

- **Precio combo 3:** $6.5 USD con aportación de $3.35
- **Distribución de ventas:** Hamburguesas 6% / Combo Ch 17% / Combo M 33% / Combo G 44%
- **Punto de equilibrio:** 47 ventas (3 hamburguesas / 8 combos Ch / 15 combos M / 21 combos G)
- **Rentabilidad a las 100 ventas:** $154.20
- **Rentabilidad a las 500 ventas:** $1,328.7
- **Rentabilidad a las 2,460 ventas:** $7,083.26
- **Cambio en ganancias:** +110%
- **Cambio en ganancias desde el modelo de negocio inicial:** +447%

Tabla Resumen

Estrategia	Costos Fijos (USD)	Costos Variables (%)	Distribución de Ventas	Punto de Equilibrio	Rentabilidad a Ventas Base (USD)	Cambio en Ganancias (%)
Inicial	100	33	H. 59% / P. 12% / S. 29%	59 ventas (35H / 7P / 17S)	1,293.2	-
Producción en Línea	100	27	H. 59% / P. 12% / S. 29%	49 ventas (29H / 6P / 14S)	2,178.3	+65%
Expansión en Cadena	133	27	H. 59% / P. 12% / S. 29%	66 ventas (39H / 8P / 19S)	2,616.59	+29%
Mercado Saturado	133	27	H. 59% / P. 12% / S. 29%	90 ventas (53H / 11P / 26S)	1,329.65	-53%
Estrategia de Combos	133	27	H. 42% / P. 29% / S 29%	94 ventas (39H / 27P / 27S)	3,358.72	+152%
Estrategia Maestra	133	30	H. 6% / C Ch 17% / C M 33% / C G 44%	47 ventas (3H / 8Ch / 15M / 21G)	7,083.26	+110%
Total Cambio Inicial						**+447%**

El ejemplo

Voy a dar un ejemplo de una empresa que se dedica a la venta de muebles armables, su concepto ha sido innovador desde el punto de vista de modelo de negocio, al producir los muebles en línea, y poderlos vender en cajas de mucho menor tamaño que el mueble mismo, revolucionó al mercado, primero Europeo y luego Americano, de manera agresiva y muy rentable.

Se me ocurre llamarlo "OK.EA".

OK.EA, una fuerza revolucionaria en la industria del hogar, ha desafiado convenciones desde su origen en Suecia en 1943. Conocida como mucho más que una simple tienda de muebles, OK.EA, cuyo nombre evoca la esencia de su misión y visión, se ha ganado un lugar privilegiado en el corazón de millones de personas en todo el mundo. A través de una estrategia visionaria, OK.EA ha demostrado que el verdadero potencial de la rentabilidad reside no tanto en los productos principales, sino en los complementarios.

Lo que comenzó como una modesta tienda de muebles en las afueras de Estocolmo ha florecido en un imperio global del hogar. OK.EA ha mantenido firme su compromiso de hacer que el diseño de calidad sea accesible para todos, pero su éxito radica en la expansión hacia una amplia gama de productos y servicios complementarios.

OK.EA ha desentrañado el secreto de la rentabilidad al comprender que los productos complementarios poseen un potencial financiero mucho mayor que los productos principales. Al recorrer las vastas tiendas de OK.EA, los clientes no solo encuentran muebles principales, sino una plétora de productos para el hogar que complementan y enriquecen la experiencia de compra.

Desde utensilios de cocina hasta textiles decorativos, OK.EA ofrece una gama completa de productos que no solo satisfacen las necesidades de los clientes, sino que también aumentan significativamente los ingresos de la empresa. Estos productos complementarios han demostrado ser una fuente invaluable de rentabilidad, transformando la percepción tradicional de dónde reside el verdadero valor en la industria del hogar.

OK.EA ha redefinido la experiencia de compra al convertirla en un viaje de inspiración y descubrimiento. Las tiendas de OK.EA no son simples puntos de venta; son santuarios del diseño donde los clientes pueden sumergirse en diferentes estilos de decoración y soluciones inteligentes para el hogar.

Pero la experiencia de OK.EA no se detiene en las tiendas físicas. La empresa ha integrado tecnología innovadora, como aplicaciones de realidad aumentada y software de diseño de interiores, para permitir a los clientes visualizar cómo se verían los productos en su propio espacio. Esta fusión de lo físico y lo digital crea una experiencia de compra personalizada y envolvente que aumenta la lealtad de los clientes y, por ende, la rentabilidad de la empresa.

Además de su impresionante gama de productos, OK.EA ofrece una serie de servicios que agregan valor y conveniencia para los clientes. Desde servicios de planificación de cocinas y armarios hasta entrega y montaje a domicilio, OK.EA se esfuerza por hacer que la experiencia de compra sea lo más fluida y sin problemas posible.

Estos servicios no solo aumentan la satisfacción del cliente, sino que también generan ingresos adicionales para la empresa. OK.EA ha demostrado que la clave para una rentabilidad sostenible radica en ofrecer no solo productos de calidad, sino también servicios que mejoren la experiencia general del cliente.

OK.EA se ha comprometido no solo a mejorar la vida de sus clientes, sino también a proteger el planeta y apoyar a comunidades desfavorecidas en todo el mundo. La empresa ha implementado una serie de iniciativas para reducir su impacto ambiental, como el uso de materiales sostenibles y la optimización de la cadena de suministro.

Además, OK.EA ha invertido en programas de desarrollo comunitario y empoderamiento económico en países en desarrollo, demostrando su compromiso con la responsabilidad social corporativa. Estas acciones no solo generan un impacto positivo en el mundo, sino que también fortalecen la reputación y la rentabilidad a largo plazo de la empresa.

En resumen, OK.EA ha redefinido el panorama de la industria del hogar al demostrar que la verdadera rentabilidad reside en los productos complementarios. Desde su enfoque innovador en la experiencia del cliente hasta su compromiso con la sostenibilidad y la responsabilidad social, OK.EA continúa siendo un líder indiscutible en su campo. Con una visión audaz y una ejecución impecable, OK.EA ha demostrado que el verdadero éxito empresarial va más allá de los números; se trata de transformar vidas y hogares en todo el mundo.

Los 10 puntos de inflexión

Esta parte me parece importante porque nos ayuda a tener un contexto mayor del caso, sin tener que cargar todo el peso de la historia en detalles como los precios o la estrategia de productos complementarios.

La historia de una compañía se compone de múltiples situaciones que debemos considerar, y no olvidarnos que el cuento, la opinión y el ejemplo, son simplemente una estrategia comercial, que, aunque fue clave, no lo fue todo.

Los 10 puntos acompañan la misma historia, no olvidan lo que hemos leído hasta ahora, pero, nos ayudan a generar mas contexto y tener un mejor entendimiento de la situación, para no hacer mas larga la lectura, vienen los 10 puntos:

1. **Innovación en la producción:**

    Siempre me gusta empezar por la parte en la que se concibe el concepto ganador, ese diferenciador que a la larga se convierte en la decisión que los llevó al verdadero éxito.

    Para mi es el primer punto clave en casi cualquier historia de éxito. Me gusta pensar que los empresarios y fundadores voltean su cabeza hacia algunos años atrás y piensan: "vaya, ahí estuvo la diferencia" Me cuesta pensar que cuando se tiene la idea, se acompaña de claridad en cuanto al nivel de importancia y alcance que puede tener. Los emprendedores tomamos 20-30 decisiones a la semana, probamos mas de 1,000 ideas a lo largo de la carrera, y creo que además de talento, buscamos un poco la ley de probabilidades en el monto de intentos que hacemos, sin dejar de lado el aprendizaje.

Para mi esa decisión fue la de implementar un sistema eficiente que lograra producir en línea dentro de una cocina, para entregar al cliente su comida rápido, caliente y "recién hecha" Pero creo que la idea surgió sólo con la intención de poder cubrir la demanda de ese pequeño restaurant y así poder ganar mas dinero, lo demás, fue gestión de operaciones.

Dicen que las Hamburguesas de 1941 eran una delicia, que no había nada comparable y que la calidad sobrepasaba a la de cualquier otro competidor, pero, ¿siguen siendo así? Aquí nos debemos preguntar, su sabor los llevó al logró efímero, el concepto fue lo que los llevó a convertirse en un negocio multibillonario.

2. **Expansión de la cadena**:

La expansión de McDaniels es un relato épico de ambición y estrategia bien ejecutada. Imagina a los visionarios detrás de McDaniels, contemplando un mapa y trazando los futuros territorios de su imperio. Este no fue un proceso casual, sino una serie de decisiones calculadas. Cuando McDaniels decidió expandirse, no se trataba simplemente de abrir más locales, sino de replicar su fórmula de éxito en diferentes mercados.

Cada nueva apertura de McDaniels representaba un reto único. La clave estuvo en la estandarización y la formación rigurosa del personal, asegurando que cada cliente, sin importar en qué parte del mundo estuviera, recibiera la misma calidad y experiencia. Esta uniformidad creó una confianza inquebrantable en la marca. Los primeros locales fuera de su zona de confort demostraron que su modelo era escalable. El verdadero logro fue mantener la esencia del negocio mientras se multiplicaban a nivel global.

Los fundadores de McDaniels sabían que no se trataba solo de vender hamburguesas; se trataba de exportar una experiencia. Los restaurantes se convirtieron en embajadores de su cultura corporativa y en templos de consistencia operativa. Este enfoque no solo permitió una expansión rápida, sino que también cimentó su reputación como una marca confiable y querida, sin importar dónde se encontraran. La expansión de McDaniels fue más que una conquista territorial; fue la construcción de una presencia global basada en la confianza y la calidad.

3. **Competencia despiadada**:

La competencia despiadada es una realidad en cualquier industria, y McDaniels ha tenido su cuota de batallas. Enfrentados a rivales que buscaban arrebatarles su cuota de mercado, la estrategia de McDaniels fue siempre estar un paso adelante. No se trataba solo de defender su posición, sino de innovar constantemente para mantenerse relevantes y atractivos.

En los primeros días, cuando otros jugadores comenzaron a imitar su modelo de negocio, McDaniels respondió con agilidad y creatividad. Mejoraron sus procesos, introdujeron nuevos productos y se aseguraron de que su marketing fuera más efectivo que nunca. Para McDaniels, la competencia no era un obstáculo, sino una oportunidad para perfeccionarse. Cada movimiento de la competencia se analizaba minuciosamente, y cada debilidad se convertía en un área de mejora.

Los competidores podían bajar los precios, pero McDaniels optó por no entrar en una guerra de precios destructiva. Se centraron en agregar valor: desde mejorar la calidad de los ingredientes hasta ofrecer un servicio más rápido y amigable. La competencia empujó a McDaniels a ser más innovador, más eficiente y centrado en el cliente. Así, la compañía no solo sobrevivió, sino que prosperó en un mercado ferozmente competitivo.

4. **Desarrollo de combos**:

El desarrollo de combos es uno de esos momentos de genialidad que cambian el juego. Para McDaniels, crear combos no fue solo una estrategia para aumentar las ventas, sino una forma de ofrecer más valor a sus clientes. Recuerdo leer sobre cómo los fundadores se dieron cuenta de que podían simplificar la elección del cliente y, al mismo tiempo, aumentar el ticket promedio al ofrecer comidas completas a un precio ligeramente reducido.

Este enfoque hizo que la experiencia del cliente fuera más conveniente y atractiva. Al empaquetar hamburguesas, papas fritas y bebidas, McDaniels no solo facilitó la decisión de compra, sino que también incrementó su eficiencia operativa. Las cocinas podían predecir mejor la demanda y optimizar sus procesos de producción, reduciendo tiempos de espera y mejorando la satisfacción del cliente.

Los combos se convirtieron en una parte integral de la identidad de McDaniels. Además, permitieron una fácil introducción de nuevas promociones y productos. Un nuevo tipo de hamburguesa, por ejemplo, podía lanzarse como parte de un combo especial, generando entusiasmo y curiosidad entre los clientes. Este enfoque también facilitó las estrategias de marketing, permitiendo una comunicación más clara y efectiva de sus ofertas.

5. **Adaptación a la demanda del mercado**:

Adaptarse a la demanda del mercado es crucial para cualquier negocio, y McDaniels ha demostrado una habilidad excepcional en este aspecto. La capacidad de leer las tendencias y responder a ellas rápidamente ha sido un factor clave en su éxito continuo. McDaniels no solo escuchó a sus clientes, sino que también se anticipó a sus necesidades.

En sus primeros años, McDaniels se dio cuenta de que los gustos y preferencias de los consumidores podían variar drásticamente de una región a otra. Así, comenzó a adaptar su menú para reflejar las preferencias locales. Este enfoque permitió a

McDaniels conectar más profundamente con sus clientes y destacarse de sus competidores. No se trataba solo de ofrecer comida rápida, sino de ofrecer la comida rápida que los clientes querían en ese momento y lugar específicos.

Además de las adaptaciones del menú, McDaniels también ha sido ágil en ajustar sus estrategias de marketing y operaciones. Durante períodos de recesión económica, introdujeron opciones más económicas para atraer a clientes preocupados por el presupuesto. En momentos de auge en la conciencia de la salud, añadieron opciones más saludables al menú. Esta flexibilidad y capacidad de respuesta han sido esenciales para mantenerse relevantes y competitivos en un mercado en constante cambio.

6. **Búsqueda de ubicaciones privilegiadas**:

La ubicación lo es todo en el mundo de los negocios, y McDaniels entendió esto desde el principio. La estrategia de buscar ubicaciones privilegiadas ha sido uno de los pilares de su éxito. No se trataba simplemente de abrir un restaurante en cualquier lugar disponible, sino de identificar puntos estratégicos donde pudieran maximizar el tráfico de clientes.

Piensa en las áreas de alto tránsito, cerca de centros comerciales, estaciones de transporte y zonas urbanas densamente pobladas. McDaniels hizo un arte de estudiar el flujo de personas y seleccionar ubicaciones que garantizaran una alta visibilidad y accesibilidad. Esta estrategia no solo atrajo a más clientes, sino que también estableció a McDaniels como una presencia constante y confiable en la vida cotidiana de las personas.

El proceso de selección de ubicaciones involucraba un análisis meticuloso de datos demográficos, patrones de tráfico y competencia local. Cada nueva apertura era un movimiento calculado, diseñado para capturar la mayor cantidad de mercado posible. Esta atención al detalle y la capacidad de elegir los mejores lugares fueron fundamentales para su expansión y éxito sostenido. Al estar siempre en los lugares correctos, McDaniels se aseguró de estar siempre en la mente del consumidor, convirtiéndose en una opción natural para una comida rápida y deliciosa.

7. **La resistencia a la guerra de precios:**

La resistencia a la guerra de precios es una estrategia que requiere mucha valentía y visión. En un mercado donde la competencia a menudo baja los precios para atraer clientes, McDaniels tomó una postura diferente. En lugar de participar en una carrera hacia el fondo, decidieron mantener sus precios estables y enfocarse en el valor agregado.

Este enfoque demostró que McDaniels confiaba en la calidad de sus productos y en la lealtad de sus clientes. Sabían que competir solo por precio podría dañar la percepción de su marca y reducir la rentabilidad a largo plazo. En cambio, se centraron en mejorar continuamente la experiencia del cliente

Con resistencia no me refiero a negación. Me refiero a que soportaron y luego innovaron. Buscando la forma de no depender del precio siempre.

8. **La tenacidad por mantenerse en el mercado creado**:

    La tenacidad es una cualidad esencial en cualquier historia de éxito, y McDaniels la ha demostrado en abundancia. Desde sus inicios, enfrentaron innumerables desafíos, desde la competencia feroz hasta las fluctuaciones del mercado. Sin embargo, su determinación para mantenerse en el mercado que ellos mismos ayudaron a crear nunca flaqueó.

    Para McDaniels, mantenerse en el mercado no se trataba solo de sobrevivir, sino de liderar. Esto implicaba una vigilancia constante sobre las tendencias emergentes, una disposición a adaptarse y una búsqueda incesante de la excelencia operativa. La tenacidad de McDaniels se reflejaba en su compromiso con la calidad y la innovación. No se conformaron con el éxito inicial; siempre buscaron maneras de mejorar y ofrecer más a sus clientes.

    La cultura empresarial de McDaniels, basada en la perseverancia y la mejora continua, fue un factor clave. Fomentaron un entorno donde se valoraba la resiliencia y el espíritu de superación. Esta mentalidad no solo les permitió superar desafíos inmediatos, sino que también los preparó para enfrentar futuros obstáculos con confianza y determinación. La tenacidad de McDaniels es una lección poderosa de cómo la persistencia y la adaptación pueden convertir una empresa en un líder duradero en su industria.

9. **Maximización de la rentabilidad:**

La maximización de la rentabilidad es un arte y una ciencia, y McDaniels lo ha perfeccionado a lo largo de los años. Cada aspecto de su operación está diseñado para optimizar los márgenes de beneficio, desde la adquisición de ingredientes hasta la eficiencia operativa en los restaurantes. Para McDaniels, la rentabilidad no solo significa reducir costos, sino también incrementar el valor percibido por el cliente.

Una de las claves de su éxito ha sido la implementación de sistemas de gestión avanzados que permiten un control riguroso de los costos y la maximización de los recursos. La estandarización de procesos y la capacitación continua del personal aseguran que cada restaurante opere de manera eficiente, minimizando el desperdicio y maximizando la productividad. Además, McDaniels ha sabido diversificar su oferta con productos de alta rentabilidad, como bebidas y postres, que complementan sus ventas principales.

La estrategia de combos, previamente mencionada, también juega un papel crucial aquí. Al empaquetar productos, McDaniels puede ofrecer un valor aparente mayor mientras optimiza sus márgenes de beneficio. La introducción de productos premium y opciones de personalización permite atraer a un público dispuesto a gastar más por una experiencia diferenciada. La capacidad de McDaniels para maximizar la rentabilidad es una combinación de innovación, eficiencia operativa y una comprensión profunda de las necesidades y deseos de sus clientes.

10. **Flexibilidad y adaptación**:

La flexibilidad y la adaptación son características esenciales en el mundo empresarial, y McDaniels ha demostrado una maestría en ambas. En un entorno donde las tendencias y las expectativas de los consumidores cambian rápidamente, la capacidad de ajustarse y evolucionar es vital. McDaniels ha sabido anticipar estos cambios y responder de manera ágil y efectiva.

Desde la introducción de nuevos productos hasta la adaptación de su menú para satisfacer las demandas locales, McDaniels ha mostrado una notable capacidad de ajuste. Esta flexibilidad se refleja también en sus operaciones y estrategias de marketing. Por ejemplo, han sabido capitalizar en tendencias emergentes, como el aumento de la demanda por opciones más saludables, introduciendo ensaladas y menús bajos en calorías. Al mismo tiempo, han sabido mantener la esencia de su oferta, asegurando que los cambios no alienen a su base de clientes leales.

La pandemia de COVID-19 fue una prueba de fuego para la flexibilidad de muchas empresas, y McDaniels no fue la excepción. Su rápida adaptación a las nuevas normativas, la implementación de servicios de entrega y la mejora de sus plataformas digitales fueron cruciales para mantener el negocio en marcha. Esta capacidad de adaptarse a circunstancias imprevistas y aún así ofrecer una experiencia consistente y de alta calidad es una de las razones por las que McDaniels sigue siendo un líder en su industria. La flexibilidad y la adaptación no son solo estrategias de supervivencia para McDaniels; son pilares de su éxito y crecimiento continuos.

Los 10 pasos para aplicar esta estrategia en cualquier industria o negocio:

1. Identificar productos complementarios

La clave para maximizar la rentabilidad no siempre reside en el producto principal, sino en los productos complementarios que pueden generar márgenes de beneficio más altos. Identificar estos productos requiere una comprensión profunda del comportamiento y las necesidades de los clientes. En el caso de McDaniels, si bien las hamburguesas son el producto principal, son las papas fritas, las bebidas y los postres los que aportan una gran parte de los beneficios.

Para aplicar esta estrategia en tu negocio, comienza analizando qué productos o servicios adicionales podrían complementar tu oferta principal. Estos productos deben tener una relación lógica y atractiva con tu producto principal. Por ejemplo, si tienes una librería, los marcadores, los cuadernos de notas y las tazas de café personalizadas pueden ser productos complementarios ideales.

El siguiente paso es analizar los márgenes de beneficio de estos productos. Los productos complementarios deben tener costos de producción relativamente bajos pero deben ofrecer un alto valor percibido para los clientes. Este balance es crucial para asegurar que estos productos no solo complementen tu oferta principal, sino que también contribuyan significativamente a tu rentabilidad.

No subestimes el poder de la investigación de mercado en este proceso. Realiza encuestas y entrevistas con tus clientes para entender mejor qué otros productos podrían estar interesados en comprar junto con tu oferta principal. Usa esta información para ajustar tu inventario y ofrecer productos que no solo aumenten las ventas, sino que también mejoren la experiencia general del cliente.

2. Crear combos atractivos

El diseño de paquetes combinados o "combos" es una estrategia eficaz para aumentar la rentabilidad al vender múltiples productos juntos a un precio atractivo. Los combos no solo aumentan el valor percibido por el cliente, sino que también ayudan a mover más inventario y a incrementar el ticket promedio de compra.

Para crear combos atractivos, empieza identificando productos que se complementen entre sí y que, juntos, ofrezcan un valor adicional al cliente. En McDaniels, un combo típico podría incluir una hamburguesa, una porción de papas fritas y una bebida, lo cual ofrece una comida completa a un precio ligeramente inferior al que tendría si se compraran los productos por separado.

Diseñar estos paquetes requiere una estrategia de precios bien pensada. El objetivo es ofrecer un descuento perceptible, pero no tan grande como para erosionar significativamente los márgenes de beneficio. Por ejemplo, si la suma de los precios individuales de los productos es $15, podrías ofrecer el combo a $13, de modo que los clientes perciban un ahorro, pero tú sigas obteniendo un buen margen de beneficio.

Además, utiliza la presentación para hacer que los combos sean aún más atractivos. Usa imágenes tentadoras y descripciones atractivas en tu material de marketing para resaltar los beneficios del combo. También podrías considerar la creación de combos temáticos o limitados en el tiempo para generar urgencia y atraer a más clientes.

3. Establecer precios estratégicos

La fijación de precios estratégicos es fundamental para maximizar la rentabilidad sin alienar a los clientes. Los precios deben ser lo suficientemente altos como para generar beneficios, pero también competitivos y justos en comparación con las ofertas del mercado.

Primero, realiza un análisis de costos detallado para entender cuánto cuesta producir cada producto y combo. Incluye todos los costos directos e indirectos, desde materias primas hasta gastos operativos. Una vez que tengas una comprensión clara de tus costos, establece precios que garanticen un margen de beneficio saludable.

Considera también el valor percibido de tus productos. Los clientes están dispuestos a pagar más por productos que perciben como de alta calidad o que ofrecen un valor adicional significativo. Por ejemplo, un combo de McDaniels puede ser percibido como un buen valor porque ofrece una comida completa y conveniente.

Implementa diferentes estrategias de precios para maximizar la rentabilidad. La fijación de precios psicológicos, como $9.99 en lugar de $10.00, puede influir en la percepción del cliente y hacer que los precios parezcan más atractivos. También puedes utilizar la discriminación de precios, ofreciendo diferentes versiones de un producto a diferentes precios para atraer a distintos segmentos de clientes.

Finalmente, revisa y ajusta tus precios regularmente. El mercado cambia, y es crucial adaptarse a las nuevas condiciones económicas, la competencia y las tendencias de consumo. Usa herramientas analíticas para monitorear el rendimiento de tus precios y realizar ajustes que maximicen tanto las ventas como los márgenes de beneficio.

4. Implementar sistemas eficientes

La eficiencia operativa es clave para reducir costos y mejorar la rentabilidad. Implementar sistemas eficientes en la producción y entrega de productos puede marcar una gran diferencia en la rentabilidad general del negocio. Para McDaniels, el desarrollo de un sistema de cocina eficiente fue un factor decisivo en su éxito.

Empieza analizando tus procesos actuales y buscando áreas de mejora. Esto podría implicar la reorganización del espacio de trabajo para minimizar los movimientos innecesarios, la automatización de tareas repetitivas o la implementación de nuevas tecnologías para mejorar la eficiencia. Un ejemplo clásico es la disposición de la cocina en estaciones específicas para cada tarea, lo cual minimiza el tiempo y esfuerzo necesarios para preparar cada pedido.

Involucra a tu equipo en este proceso. A menudo, los empleados que trabajan en primera línea tienen ideas valiosas sobre cómo mejorar la eficiencia. Fomenta una cultura de mejora continua donde se valoren y se implementen sus sugerencias.

Además, invierte en formación para asegurar que todos los empleados comprendan y sigan los procedimientos más eficientes. La formación regular y el desarrollo de habilidades no solo mejoran la eficiencia operativa, sino que también aumentan la moral y el compromiso del equipo.

Finalmente, utiliza herramientas tecnológicas para monitorear y optimizar los procesos. Los sistemas de punto de venta avanzados, por ejemplo, pueden proporcionar datos en tiempo real sobre las ventas y el inventario, ayudándote a tomar decisiones informadas y a ajustar los procesos en consecuencia. La tecnología puede ser un aliado poderoso en la búsqueda de la eficiencia operativa.

5. Invertir en tecnología

La tecnología es un habilitador crucial para mejorar la eficiencia y recopilar datos valiosos sobre los clientes. Invertir en tecnología adecuada puede transformar tus operaciones y ofrecer una ventaja competitiva significativa. En el caso de McDaniels, la adopción de sistemas de punto de venta avanzados y aplicaciones móviles ha sido fundamental para optimizar sus operaciones y mejorar la experiencia del cliente.

Comienza evaluando tus necesidades tecnológicas actuales y futuras. Identifica las áreas donde la tecnología puede tener el mayor impacto, ya sea en la gestión del inventario, la eficiencia de la producción, la experiencia del cliente o la recopilación de datos. Por ejemplo, un sistema de punto de venta moderno no solo acelera el proceso de pago, sino que también proporciona datos valiosos sobre las ventas y el comportamiento de los clientes.

La adopción de aplicaciones móviles puede mejorar significativamente la experiencia del cliente. Ofrecer la posibilidad de realizar pedidos a través de una aplicación móvil puede aumentar la conveniencia para los clientes y reducir los tiempos de espera. Además, las aplicaciones móviles pueden ser una herramienta poderosa para la fidelización del cliente, permitiendo promociones personalizadas y programas de recompensas.

No olvides la importancia de la ciberseguridad. A medida que integras más tecnología en tus operaciones, asegúrate de proteger los datos de tus clientes y de tu negocio contra posibles amenazas. Invierte en soluciones de ciberseguridad adecuadas y mantén tus sistemas actualizados.

Finalmente, utiliza la tecnología para recopilar y analizar datos. Los datos pueden proporcionar información valiosa sobre el comportamiento de los clientes, las tendencias de ventas y la eficiencia operativa. Usa esta información para tomar decisiones informadas y ajustar tu estrategia según sea necesario.

6. Mejorar la experiencia del cliente

La experiencia del cliente es un factor crítico para el éxito a largo plazo de cualquier negocio. Mejorar la experiencia del cliente no solo aumenta la satisfacción y la fidelidad, sino que también puede incrementar las ventas y la rentabilidad. McDaniels ha logrado esto a través de renovaciones constantes, servicios adicionales y programas de fidelización.

Para mejorar la experiencia del cliente, empieza por evaluar el entorno físico de tu negocio. Realiza renovaciones o mejoras en el lugar para crear un ambiente agradable y acogedor. Esto podría incluir una decoración actualizada, asientos cómodos, una mejor iluminación y la creación de espacios que fomenten la interacción social.

Ofrece servicios adicionales que mejoren la conveniencia y la satisfacción del cliente. Esto podría incluir opciones de autoservicio, estaciones de recarga para dispositivos móviles o la disponibilidad de Wi-Fi gratuito. Piensa en cómo puedes hacer que la visita de un cliente sea más cómoda y agradable.

Desarrolla programas de fidelización que recompensen a los clientes frecuentes. Los programas de puntos, descuentos exclusivos y promociones personalizadas pueden incentivar a los clientes a regresar. Utiliza la tecnología para gestionar estos programas y para personalizar las recompensas según el comportamiento de compra de cada cliente.

Finalmente, capacita a tu personal para ofrecer un servicio al cliente excepcional. La amabilidad, la eficiencia y la capacidad de resolver problemas son cualidades esenciales para cualquier equipo de atención al cliente. Invierte en formación continua y establece estándares claros de servicio para asegurar que cada cliente tenga una experiencia positiva en cada interacción con tu negocio.

7. Diversificar el menú (catálogo y oferta)

Diversificar tu oferta es esencial para mantener la relevancia y atraer a nuevos segmentos de mercado. En el caso de McDaniels, la inclusión de opciones más saludables y alternativas ha sido clave para adaptarse a las demandas cambiantes de los consumidores.

Introduce nuevos productos de manera estratégica, comenzando con pruebas piloto antes de una implementación completa. Esto te permitirá evaluar la aceptación del mercado y ajustar la oferta según sea necesario. Usa promociones y eventos especiales para generar interés y atraer a los clientes a probar las nuevas opciones.

No olvides mantener un equilibrio entre innovación y consistencia. Mientras diversificas tu menú, asegúrate de que los nuevos productos cumplan con los mismos estándares de calidad que tus ofertas principales. La diversificación no debe comprometer la reputación de tu marca ni la satisfacción del cliente.

8. Analizar y ajustar constantemente

El seguimiento y ajuste constante es crucial para el éxito a largo plazo de cualquier estrategia de negocio. Realiza un seguimiento regular de las ventas, los márgenes de beneficio y la satisfacción del cliente para identificar áreas de mejora y hacer los ajustes necesarios.

Utiliza herramientas analíticas para recopilar y analizar datos. Los sistemas de punto de venta y las aplicaciones de gestión empresarial pueden proporcionar información detallada sobre el rendimiento de tus productos y la eficiencia operativa. Analiza estos datos para identificar patrones y tendencias que puedan informar tus decisiones.

Establece métricas de desempeño clave (KPIs) para evaluar el éxito de tus estrategias. Estas métricas pueden incluir el ingreso promedio por cliente, la tasa de retorno de clientes, el margen de beneficio por producto y la satisfacción del cliente. Utiliza estas métricas para medir el progreso y ajustar tus tácticas según sea necesario.

Implementa un ciclo de retroalimentación continuo. Involucra a tus empleados y clientes en el proceso de retroalimentación para obtener perspectivas valiosas sobre qué está funcionando y qué no. Usa esta retroalimentación para hacer ajustes rápidos y mejorar continuamente tus operaciones y estrategias de marketing.

Finalmente, mantén una mentalidad flexible y abierta al cambio. El mercado y las preferencias de los clientes están en constante evolución, y es crucial adaptarse a estos cambios para mantenerse competitivo. Estar dispuesto a ajustar tu enfoque basado en los datos y la retroalimentación puede ayudarte a optimizar la rentabilidad y mantener una ventaja competitiva.

9. Adaptarse al mercado

Adaptarse a las condiciones del mercado y a las acciones de la competencia es esencial para mantener la relevancia y el éxito a largo plazo. Mantente al tanto de las tendencias del mercado, las innovaciones y las estrategias de la competencia para ajustar tu enfoque en consecuencia.

Realiza estudios de mercado periódicos para identificar cambios en las preferencias de los clientes y en las condiciones del mercado. Utiliza esta información para adaptar tu oferta y tu estrategia de marketing.

Observa de cerca a tus competidores. Analiza sus estrategias, productos y tácticas de marketing para identificar oportunidades y amenazas. Utiliza esta información para diferenciar tu oferta y encontrar tu propio nicho en el mercado.

Sé proactivo en lugar de reactivo. En lugar de esperar a que los cambios del mercado te afecten, busca oportunidades para liderar el cambio. Innova y experimenta con nuevas ideas y enfoques que puedan diferenciarte de la competencia y atraer a más clientes.

Finalmente, comunica claramente tus adaptaciones a tus clientes. Usa el marketing y la comunicación para informar a tus clientes sobre las nuevas ofertas, mejoras y cambios en tu negocio. Mantén una comunicación abierta y transparente para construir confianza y lealtad.

10. Enfoque en la rentabilidad a largo plazo

Priorizar la rentabilidad sostenible a largo plazo es fundamental para el éxito continuo. Aunque es tentador buscar ganancias rápidas, las estrategias a largo plazo que invierten en el crecimiento y la mejora continua suelen ser más efectivas.

Empieza estableciendo metas financieras claras y realistas a largo plazo. Estas metas deben incluir no solo los ingresos y las ganancias, sino también inversiones en infraestructura, tecnología y formación. Desarrolla un plan financiero que equilibre las ganancias a corto plazo con las inversiones necesarias para el crecimiento futuro.

Invierte en la calidad y la innovación. La satisfacción del cliente y la lealtad a la marca son fundamentales para la rentabilidad a largo plazo. Asegúrate de que tus productos y servicios mantengan altos estándares de calidad y continúa innovando para mantener tu oferta relevante y atractiva.

Desarrolla relaciones sólidas con tus proveedores y socios comerciales. Estas relaciones pueden proporcionar estabilidad y oportunidades para mejorar la eficiencia y reducir costos a largo plazo. Negocia contratos favorables y busca alianzas estratégicas que beneficien a ambas partes.

Finalmente, mantén un enfoque en la sostenibilidad. La responsabilidad social y ambiental es cada vez más importante para los consumidores y puede ser un diferenciador clave. Implementa prácticas sostenibles en tu negocio que no solo beneficien al medio ambiente, sino que también mejoren tu reputación y atraigan a más clientes conscientes.

Al seguir estos pasos y mantener un enfoque en la rentabilidad sostenible a largo plazo, puedes construir un negocio resiliente y exitoso que esté bien posicionado para enfrentar los desafíos futuros y aprovechar las oportunidades emergentes.

Guía Rápida: Estrategia de Rentabilidad con Productos Complementarios

1. **Identificar productos complementarios:**

   Encuentra productos o servicios que complementen tu oferta principal y que tengan altos márgenes de beneficio.

2. **Crear combos atractivos:**

   Diseña paquetes combinados que ofrezcan valor adicional al cliente y aumenten la rentabilidad.

3. **Establecer precios estratégicos:**

   Fija precios que maximicen la rentabilidad mientras siguen siendo atractivos para los clientes.

4. **Implementar sistemas eficientes:**

   Optimiza los procesos y sistemas para reducir costos y tiempos de espera.

5. **Invertir en tecnología:**

   Utiliza herramientas tecnológicas para mejorar la eficiencia y recopilar datos valiosos.

6. **Mejorar la experiencia del cliente:**

Busca formas de mejorar la experiencia del cliente con renovaciones, servicios adicionales y programas de fidelización.

7. **Diversificar el menú:**

   Introduce opciones nuevas y relevantes para satisfacer las demandas cambiantes del mercado.

8. **Analizar y ajustar constantemente:**

   Realiza un seguimiento regular de las ventas y la satisfacción del cliente para hacer ajustes necesarios.

9. **Adaptarse al mercado:**

   Mantente al tanto de las tendencias del mercado y las acciones de la competencia para ajustar tu estrategia.

10. **Enfoque en la rentabilidad a largo plazo:**

    Prioriza las estrategias que aseguren una rentabilidad sostenible a largo plazo.

Conclusión

Al reflexionar sobre la profundidad de los análisis y la riqueza de los ejemplos explorados en esta guía, se hace evidente que la estrategia de impulsar la rentabilidad a través de productos complementarios y combinaciones atractivas no solo es una táctica comercial, sino un arte en sí misma. Desde las humildes raíces de McDaniel's hasta la expansión global de OK.EA, hemos navegado a través de una variedad de industrias y empresas para comprender cómo esta estrategia ha sido implementada con éxito una y otra vez.

En cada paso del camino, emergen patrones y lecciones que trascienden los límites de las industrias y los mercados. La necesidad de identificar oportunidades dentro del portafolio existente, la importancia de la innovación constante, la atención meticulosa a la experiencia del cliente y la agilidad para adaptarse a las demandas cambiantes del mercado son elementos fundamentales que resuenan a lo largo de cada historia de éxito.

En un mundo donde la competencia es feroz y las expectativas del cliente evolucionan constantemente, la capacidad de pensar de manera creativa y estratégica es más valiosa que nunca. Esta guía ha proporcionado una mirada profunda a cómo las empresas pueden aprovechar productos complementarios, paquetes combinados y precios estratégicos para impulsar la rentabilidad y mantenerse relevantes en un entorno empresarial en constante cambio.

Al final del día, lo que queda claro es que la excelencia en los negocios no es solo el resultado de una sola estrategia brillante, sino más bien el fruto de una serie de decisiones inteligentes y adaptativas que se toman con una comprensión profunda del mercado, los clientes y las propias fortalezas y debilidades de la empresa. Con el compromiso de la mejora continua y la capacidad de aprender de los éxitos y fracasos del pasado, cualquier empresa puede trazar su propio camino hacia la rentabilidad sostenible y el crecimiento a largo plazo.

www.ingramcontent.com/pod-product-compliance
Lightning Source LLC
Chambersburg PA
CBHW072002210526
45479CB00003B/1041